Textkörper

Stefan Weishaupt

Textkörper

Prosa und Lyrik

AQUINarte

Erstausgabe: 1 - 300
mit handbedrucktem Einband

© AQUINarte 2oo2
Literatur- & Kunstpresse Kassel

Gestaltung, Satz, Druck u. Bindung:
AQUINarte presse Kassel
Germany

ISBN 3-933332-42-7

»... und was ich liebe, erkenne ich sogar noch heute, selbst mit meinen Gegeninstinkten erkenne ich es ... «

Imre Kertész

Er saß im Sessel. Einem großen Sessel. Groß genug. Alle anderen Möbel hatte er weggeräumt. Auch die Bücher. Zuerst ins Nebenzimmer. Viel war es ohnehin nicht mehr gewesen. Dann hatte er nach und nach alles verschenkt. Nur der völlig ramponierte und verstimmte Blüthner Stutzflügel, den niemand wollte, stand noch nebenan.

Gut so, dachte er. Wenn ich in diesem Sessel sitze, spüre ich kaum noch etwas. Ich muß nur lange genug warten. Ich muß nur lange genug still halten. Vollkommen ruhig. Dann geht es. Dann erinnere ich mich schließlich nur noch, daß ich mich vor unbestimmter Zeit hingesetzt habe und irgendwann nichts mehr fühlte. Den Rücken nicht mehr, das Gesäß nicht mehr, die Oberschenkel nicht mehr. Wenn ich auf meine Beine sehe, dann sehe ich nur noch das Bild meiner Beine. Ganz weit weg. Wie gesagt, als würde ich mich an sie erinnern. Dann verstehe ich nicht einmal mehr, daß ich diese Beine einmal gefühlt habe. Gut so, dachte er. Das wollte ich.

Dann setzte eine Bewegung ein. Etwas bewegte sich und etwas blieb zurück. Etwas ging. Der Körper blieb. Er sah es ja. Der Körper saß im Sessel. Dort. Vor ihm. Daß das möglich ist, dachte er und wollte lachen und leise sagen: Daß das möglich ist. Aber es ging nicht mehr. Und er verzichtete gerne. Er fühlte sich leicht und hell. Das genügte.

Er betrachtete seinen Körper dort im Sessel. Wie die Füße am Boden standen. In halbhohen, aufgeschnürten Stiefeln. Eigentlich hätte ich die Stiefel auch ausziehen können, dachte er. Sie sind ganz abgelaufen und verbraucht. Zertanzt. Muß ich jetzt in glühende Pantinen schlüpfen, dachte er, weil ich immer mit anderen Frauen getanzt habe, statt mit dir. Muß ich jetzt büßen? Ich bin doch gelaufen. Gelaufen, bin ich in diesen abgewetzten, halbhohen Schnürstiefeln. Sommers wie Winters. Über Weg und Steg. Über Felsen und durch Wälder. Durch Städte und über Land, dachte er, immerfort gelaufen, immerfort zu dir. Gute Schuhe. Liebe Schuhe. Und die Hände. Dünn und lang. Etwas umständlich wie sie da auf der Sessellehne liegen. Etwas geziert. Die Nägel schon wieder zu lang. Soviel Sinn und Unsinn haben sie getrieben. Soviel haben sie falsch gemacht. Immer zu grob. Immer zu zart. Aber die Füße haben ihnen geholfen. Haben den Händen die Treue gehalten auf dem Weg zu dir.

War das ein verzweifeltes Gesicht? Er konnte über dieses Gesicht nicht mehr nachdenken. Es war ihm kein Rätsel mehr. Er kannte es. Was er sah, fiel jetzt zum erstenmal zusammen mit dem, was er früher nur gefühlt hatte aber nie gesehen. Zum Beispiel, wenn er in den Spiegel geschaut hatte. Im Spiegel hatte er immer ein Gesicht gesehen, mit dem er irgendwann nichts

mehr anfangen konnte und nichts mehr anfangen wollte. Das er dann nur noch an ihr Gesicht legen wollte und die Augen schließen, um nichts mehr zu sehen und nur noch zu fühlen wie ihre Gesichter aneinander lagen.

Jetzt nochmals zurückzukehren? Nein! Wozu? Es war gut so. Es geschah nichts Störendes. Das war ein neues Leben. Komisch, dachte er, gar keine Blumen. Und dennoch blüht es. Es blüht wie im Frühling. Und mir gegenüber ein leerer Körper. Ein Körper, den ich, als er noch bewohnt war, immer wieder und wieder in einen anderen Körper getaucht habe auf einer ziellosen, wahnsinnigen Suche. Die Berührung seines Körpers mit ihrem Körper war ein Erinnern gewesen. Dumm war nur, daß er sich im Moment nicht mehr zu steigernder Zerrissenheit nicht mehr konzentrieren und also auch nicht mehr hatte erinnern können, sondern nur noch vergessen. Und dafür schämte er sich. Du, hatte er immer wieder zu ihr gesagt, du bist es. Ja, woher hatte er das denn so genau gewußt? Aber er wußte es ja und er hatte es auch damals gewußt. Dennoch hatte er es nicht ertragen. Trotz Wahrheit. Trotz Du-bist-es.

Es bestand doch ein Unterschied. Er sah nicht mehr aus sich heraus. Er saß sich gegenüber. Nun ja, freilich saß er nicht. Sein Körper saß. Das war es ja. Er und sein Körper. Das war der

Unterschied. Er hier. Sein Körper im Sessel. Sein Körper war für ihn ein Bild dessen, was er gemacht hatte. Und das war jetzt vorbei. Jedenfalls vorläufig. Wenn er es sich nicht noch anders überlegte. Denn sein Körper atmete noch. Er mußte noch nicht auf die Reise gehen. Er konnte hierbleiben und verweilen. Und er dachte, wie schön es wäre, diese Stunden mit ihr zu teilen. Gemeinsam mit ihr sich außerhalb ihrer Körper aufzuhalten und diese anzuschauen, weil diese doch ganz anders aussahen, wenn man sie nicht durch das Fenster des Kopfes betrachtete, sondern nur mit der Seele.

Ja, er hatte immer schon getrennt. In einen, der den Körper floh und einen, der im Körper versank. Dieser Wille, diese Sehnsucht, zu ihr zu gehen mit dem Körper. Immer wieder. Und dann war er angelangt. Und dann hielten sie sich umschlungen. Und dennoch hörte die Sehnsucht nicht auf. Ging weiter. Wohin?

Jetzt hatte er den Körper einfach im Sessel sitzengelassen. Einfach sitzengelassen und war gegangen. Einfach aus ihm hinaus. Wie die Sehnsucht. Nicht durch die Poren. Sondern durch Innen. Wenn du jetzt kämest und deinen Körper zu meinem Körper legtest, und wir dann, dicht bei dicht, diese Körper anschauen würden, wie sie da schlaff sich ineinander verbiegen und wie wir dann von diesem Anblick irgendwann

genug hätten, einmal wieder uns anschauen wollten, wirklich anschauen wollten sozusagen, und dann nichts sähen, weil nichts mehr zum Sehen da wäre, nichts mehr, was zwischen uns wäre, nichts mehr, was uns noch trennen könnte. Oh, welch ein Gedanke!

Weißt du noch, in diesem kleinen Hotel, irgendwo bei – ich weiß nicht mehr wie die Stadt hieß, wir sind in so vielen Städten gewesen – wir hatten uns geliebt, da sagtest du diese Sache mit dem Schwert. Erinnerst du dich? Ich war irritiert und fing gleich an zu heulen und wollte es nicht wahr haben. Ich hätte dir das Schwert doch gegeben, hast du gesagt. Ja, ich hatte von einem Schwert gesprochen, das stimmte. Vielleicht hatte das mit der Atmosphäre in dem Hotelzimmer zu tun. Auch wenn man alle Lampen anschaltete, wurde es darin nicht hell.
Es war schon so. Die Zimmer; in denen wir gewohnt haben, sind immer merkwürdige Zimmer gewesen, die mich zu ebenso merkwürdigen Gedanken veranlaßt haben. Das mit dem Schwert hatte ich in einem Märchen gelesen. Da war einer, der sah aus wie sein Bruder und sein Bruder war nicht zuhause. Da ging er hin und legte sich zu der Frau seines Bruders ins Bett. Er wollte wissen, ob sie seinem Bruder die Treue halten würde. Sie hat nicht gemerkt, daß er ein anderer war und wollte ihn küssen. Aber er hat gesagt:

Wir müssen ein zweischneidiges Schwert zwischen
uns legen. Da hat sie es mit der Angst zu tun
bekommen. Aber damals im Hotel hatte ich Angst
gehabt. Noch.
Und jetzt? Wollte er leben? Wollte er sterben?
Wollte er bleiben? Wollte er gehen? Woanders
hingehen? Getrennte Wege? Eigentlich wollte er
immer noch zu ihr. Aber da lag ein zweischneidiges
Schwert. Zwischen ihm und seinem Körper.
Zweischneidig. Da lag es und glänzte im Mondlicht.

Wirklich schien in diesem Augenblick der Mond
durch das Dachfenster in sein Zimmer hinein. Alle
andern Fenster hatte er mit schwarzem Tuch
verhängt. Nur der Himmel sollte hereinschauen.
Als er noch in seinem Körper herumgelaufen war,
hatte er seine Matratze unter das Dachfenster
gelegt, sich selbst auf die Matratze und hatte aus
dem Fenster über sich geschaut und zwischen
Hellblau und Nachtblau alles gesehen. Auch mit ihr
hatte er dort gelegen. Und geredet hatten sie. Und
in den Himmel gestarrt. Und beinahe eingeschlafen.
Und dann doch wieder geredet. Und gelacht.
Jetzt wartete sie auf ihn. Sie hatten verabredet, daß
er zu ihr komme. Nach dem Konzert. Auf das
Konzert müsse er sich gut vorbereiten. Das
bedeute vor allem allein sein. Und üben. Natürlich.
Aber dann hatte er nur sein Zimmer leergeräumt.
Nicht alles auf einmal. Erst hatte er den Tisch ins
Nebenzimmer getragen. Ein paar Tage später

die Stühle. Schließlich die Bücher. Er hatte sich
eingebildet, er tue dies aus akustischen Gründen.
Der Flügel klinge klarer, hatte er sich gesagt.
Aber als nur noch der Flügel im Zimmer stand,
hatte er gefunden, der Flügel müsse auch noch weg.
Und dafür hatte er keinen Grund mehr finden
können. Aber das kam noch dazu, daß er sich auch
ohne Gründe wohler fühlte als mit Gründen.
Nur der Sessel, der mußte bleiben.

Immer wieder hatte er sie nachts angerufen. Aber
sie hatte immer schon geschlafen. Er werde jetzt
Klavier üben, hatte er ihr auf ihren Anrufbeantworter
gesprochen. Und er liebe sie. Und er werde bald
zu ihr kommen. Und er halte es fast nicht mehr aus.
Dann war er durch das Dachfenster aufs Dach
geklettert und hatte geraucht. Neben ihm die
Baumwipfel. Es war Sommer gewesen und die
Nächte warm. Dann hatte er sich wieder aufs Bett
gelegt. Sie wird kommen, hatte er gedacht, sie wird
zu mir kommen. Und immer nach oben in den
schwarzen Himmel geschaut. Dann hatte sie
angerufen. Ihre Stimme war ihm so nah. Wann er
komme, wollte sie wissen. Er habe gerade los
wollen, hatte er geantwortet. Er sei mehr oder
weniger schon unterwegs gewesen. Wie das
Konzert gegangen sei? Lauter Zugaben, hatte er
geantwortet. Er habe überhaupt nur Zugaben
gespielt, nur für sie gespielt. Ob sie ihn vom
Bahnhof abholen solle? Nein, nein. Das sei nicht
nötig. Er wisse noch nicht genau,

wann er ankomme. Aber es werde nicht mehr lange dauern. Er fühle sich schon ganz leicht. Wie ein Vogel. Er freue sich so sehr. So viel Glück in so kurzer Zeit. Er müsse jetzt auflegen. Er ließ den Hörer auf die Gabel fallen. Sein Herz schlug ihm bis zum Hals. Aber er konnte unmöglich zu ihr. Er war ja schon da.

Nur noch mit der Erinnerung leben. Der Erinnerung nichts hinzufügen. Der Erinnerung keinen Schaden zufügen. Aus akustischen Gründen. Erst den Tisch ins Nebenzimmer. Dann die Stühle. Dann die Bücher. Schließlich den Flügel. Nach dem Konzert würde er nicht mehr darauf spielen. Dann mit Tüchern alles verhängt. Bis auf den Himmel. Dann auch den Körper im Sessel zurückgelassen. Vor lauter Freude. Vor lauter Glück. Mit glänzendem Schwert. Nicht um zu kämpfen. Um auf ihrer Seite zu sein.

I

Herzkammerpole, in mir
die Ungeschichte des Menschen,
der sich
ausspielt.

Schmerz
trumpft Sprache.

Passen
bis zum gezinkten Tod.

Der Endreim auf alles Verborgene:
Nacht.
Das Dichte geht.
Das Weite kehrt wieder,
die Angst.

Körper-
verlassenes Bild, Schrecken
und Trost.
Sie stürzt,
sie steht in Lust und Licht.
Sie, die Spätere, wacht, sie,
die Plötzliche.

Schärfer
und wahrer der verleugneten
Bilder Wiederkehr,
so daß ich mich frage:
Hast du, mit ihnen verwechselt zu werden
die Kraft?

Ins Dichte
kehr ich zurück,
in den Morgen, beherrscht noch
vom ewig mir geltenden
Schrei.

Aus
Farblosem geronnen,
wie durch ein Fenster,
sehe ich deine Gestalt.
Durch ein Auge,
das stirbt.

Ich lehne dein Bild an den Tod,
es hält sich,
es fällt in die Farben,
neben die Zeit, ohne die
kein Abschied beweint wird.

Wir scheinen
der Ewigkeit zu.

Wie einen Vorhang die Sprache
zur Seite ziehen, um
einen nächsten zu fühlen und,
später, auch diesen
zu öffnen.

Dazwischen, denk ich,
liegt doch ein Leben.
Dazwischen denk ich, denk ich
dazwischen.

Dazwischen geh ich umher eine Weile
im Licht, eine Weile im Schmerz,
an den Flächen vorbei, an
den Farben und
über die Höhen.

Und doch ist dazwischen nichts.
Es stirbt ins Späte,
von dem etwas doch blieb,
ein Kinderblick in die Welt,
die noch nicht Tod hieß,
ein vor mir geborenes Wort
ohne Mund, Eingang in diese Welt,
die einer mir auftat, einer
der auftut, der weiß
und weiß, wann es Zeit ist,

der zur Sprache mich führt mit dem Mund,
zur Sprache mich führt mit dem Du,
zur Sprache,

die ich wie einen Vorhang,
wie ein Leben zurück und
hinter mir lasse,
um einmal zu wissen im Späten
das Frühe zu fühlen, ohne
das Rosenblatt,
ohne die Dämmerungsfarben, nur
mit mir,
nur mit ihm.

Bis zur Rückkehr
über den Schmerzhüllen schweben,

vom erinnerten
Wasser des Lebens
träumen.

Erdverschiebung, Tektonik,
wir waren aus Stein.

Dazwischen die Luft
stand
wie ein Wort ohne Sprache,
schwieg
wie ein Gott ohne Glauben,
wartend

auf eine Hand,
auf eine Hand, die da käme,
auf eine Hand, die da käme von fern, bittend,
betend.

Und in wem denn, als wir so waren,
in wem
schlug unser Herz?

Stückwerk.
Du fehlst.

Körniger Brei stemmt
dein Goldgelock auf.
Golden?

Spitzhackengeflüster voll-
endet die Krönung.

Meister der Leere,
verzwirnst du,
heißa, mit Zähnen
Kraut und Kräuter.

Blöder Bursch
unter Krähen.

II

Die Zellbaumgeschichte erzählen.

Bis zur Wurzel
wachsen
in ein allen verständliches Leben.

Alle
in eines.

Körpergesteuert zur Welt
tauchen, traum-
bedroht Zuflucht
suchen im Atem,
würgen
die Angst
im Gebet.

Du
zwischen Fluch und Gebet. Du mit mir.
Wie wir uns glichen, glichen wir
allen.

Wo
war es, das Ähnliche? Was
war es gewesen?
Wer von uns
hatte wahr gesprochen,
wer gelogen?

Das in der Gegenwart immer nur
ankommende und dann
aufhörende
Ich.

Wege
eines Fremdlings,
die ein Fremder
benennt
in der Fremde,
ein Niemand.

Niemand.

Niemand Genannte,

zu Niemand verdichtet vom Wort eines Andern,
der erst in der Fremde
aufwacht und glaubt und lernt
die Langsamen, Dauernden, Schattenspendenden,
Liebe und Leben.

Die Zunge
erinnert sich an ein Gefühl,
die Zunge umschließt ein Gefäß,
dessen Scherben sie schmeckt als ein Ganzes,
als Behausung, die früher
von beiden bewohnt war, von ihm,
der Leben und Liebe geeint,

Sternort der Steine.

Leer-
gesprochen
bis
du kamst,
unter der Schneehaut.

Einziges, Einzige, Einziger!

Niemand
wendete
für dich den Fuß.

Ich schnürte
die Kehle, ging
einwärts
ins Winter-
gleichnis.

Als wären es Augen,
das Äugende in deiner Stirn, die
sich über mich beugende Frage
nach einem Gast hinterm Aug, wie das
Äugende, wie das
sich Beugende.

Beugte
der Gast die Frage ins Helle,
folgten wir
ihm?

Klofresse zwischen
den Nachthälften.

Draußen die schicken
Kisten im Mondlicht
glänzen und gähnen.

Schluckt mich
mein Feindbild?

Durch die Traumschleuse geht,
was erwacht.
Irrgänge,
nachts werden sie wahr.

Ein Bild ist verborgen im Wort,
im Sprechen zerdehnt sich sein Sinn
in die Flut des nie Überdachten.

Dies Schweigen,
ein Vogelflug, fällt
immer,
fällt
wie Schnee.

III

Nach dem herzlosen Ritt
in der Felsenge fest.

Ich suche ein Wort
für das Ziel meines Lebens,
es ist
kein Wort.

Nachts
winde ich mich
aus den Bildern heraus.
Sie schnappen nach mir,
sie füllen mein Blut mit Gewalt.

Kampflos,
ich ordne sie an,
versammle sie um ein Gefühl,
das mir begegnet
wie eine Hand,
wie ein Gesicht,
wie
ein Mensch.

Zerrvogelflug, hirn-
entblößter Gedanke,
flügelschlagschwarz.

Krähen
über den offenen Kuppeln.

Verhexte Brut,
Tücken des Tags,
Feindbildgewächs.

...über den offenen Kuppeln.

Nachtdicht gehämmert,
Schraubstockstunden,
Gestöhn und Gespött.

...über den offenen...

Gehämmerter Dom,
gemeißelter Zweifel,
verzweifelter Schlag in die Sternbahn.

Krähen
über den offenen...

Hartholzgeweint,

wahr und falsch,
Span um Span.
Schlag nach dem Stern,
Schlag für Gott.

...Kuppeln.

Brennender Busch,
brennender Dom.

Krähen...

Stuhl
am Wegrand, halb-
geweiht, halb-
erhört.

Bildgepeitscht
das Urteil
erwarten, ruhig
die Schläge
verstehen.

Die vielen mit dir
in die Worthülle Schweigen verwobenen Wege
führen
ins festere Feld.

Fern
die verrindeten Zeichen,
die frühen Schnitte
ins Baumähnliche,
das mit uns
wuchs.

Im Spitzkasten
die Trauerquote erhöhen.
Platz schaffen.
Aus allen Ecken lustig
mein Lebenswerk
wegwischen.

Drinnen stand
etwas geschrieben,
drinnen stand
ein Mensch.

Klopfsteinfrucht,
mit meinen Figuren weiter-
und vorwärts ziehende Zeit.

Gefunden
am Bach
ohne Wasser.

Funkenlahmes Gespräch
zwischen einem der schlägt
und einem der aushält, der
anhält im Schmerz,
der zuhört dem, der da
schlägt mit dem Stein,
schlagt mit der Stunde,
schlägt mit dem Herz,
mit dem Leben
gegen die Stirn,

hinter der einer aushält und
anhält, was du mir gegeben,
was du mir
getan.

Der hochgebundene Tod,
daß drunter
wir unser Leben
wählen.

Suchen
den einen Schmerz,
der mein Aug
in deines lenkt.

Albert Vinzens - Stefan Weishaupt

„Ich denke sowieso mit dem Knie"

Briefwechsel über ein Wort von
Joseph Beuys

In der brieflichen Auseinandersetzung über die populär gewordene Äußerung werden die gegeneinander gestellten, einander suchenden und sich wieder vereinzelnden Gedanken der Briefpartner biographisch. Es zeigt sich, daß ein Denken, welches der Geschichte dessen, in dem es auftritt, nicht gewahr wird, nur ein unwahres Denken sein kann. Auf diesem Hintergrund erst werden Perspektiven deutlich, welche aus der provokanten Wortprägung vom "Kniedenken" eine Orientierung herauslesen, die allerdings keine proklamierbaren Ziele setzt. Vielmehr verweist sie auf den Ort denkerischer Anstrengung selbst.

Der Text lebt von der Eigenheit der Sprach- und Gedankenwelt der beiden Autoren. Zwischen Gedanke und sprachlicher Formulierung entsteht ein Spannungsgefüge, welches gleichnishaft die Verschiedenartigkeit der Autoren versinnlicht.

Anläßlich der zehnten Documenta 1997 geschrieben, hat der Briefwechsel von seiner vitalen Widerstandskraft nichts eingebüßt. Vielmehr scheint es, daß die von Vinzens und Weishaupt bewegten Gedanken mit dem Verlauf und Wandel einer rasant dahintrottenden Kulturentwicklung an Bedeutung zunehmen.

Mit einem Nachwort von Georg Maier.

© AQUIN*arte* 2003,
Lieferbar ab März 2003
Engl. Broschur

ISBN 3-933332-44-3
17,- Euro   32,- sFr